ÉTUDE SUR L'ÉTABLISSEMENT

D'UN

IF LÉGAL DES ACTES

DES NOTAIRES

Par Mᵉ Georges BONNEFOY,

Notaire a Thiers (Puy-de-Dome)

THIERS

IMPRIMERIE DE A. FAVYÉ, PLACE DE LA MAIRIE

1889

ÉTUDE SUR L'ÉTABLISSEMENT

D'UN

TARIF LÉGAL DES ACTES

DES NOTAIRES

PAR Me GEORGES BONNEFOY,

Notaire a Thiers (Puy-de-Dome)

THIERS

IMPRIMERIE DE A. FAVYÉ, PLACE DE LA MAIRIE

1889

ETUDE SUR L'ÉTABLISSEMENT

d'un

TARIF LÉGAL DES ACTES

DES NOTAIRES

Messieurs et Chers Confrères,

La question relative à la fixation des honoraires au moyen d'un tarif légal n'est pas neuve ; elle a été longuement discutée et a soulevé de vives controverses il y a une quarantaine d'années ; elle a même fait l'objet de rapports, de pétitions et de propositions au Corps législatif en 1846 et en 1851.

Est-il opportun, demande M. Defrenois, rédacteur en chef du *Répertoire général pratique du notariat*, auquel j'ai communiqué le travail que je viens vous soumettre, de la porter de nouveau devant les pouvoirs publics ?

A cette question, je m'empresse de dire, oui. Car, en effet, il n'y en a pas de plus urgente et de plus grave ; je dirai plus encore, il n'y en a pas qui puisse intéresser autant le Notariat tout entier ; une réforme législative est absolument indispensable, elle a été bien souvent sollicitée par le public et bon nombre de vous, Messieurs et chers Confrères, font comme moi des vœux pour qu'elle s'agite à nouveau et que cette fois elle finisse par aboutir.

Mais faut-il encore pour que cette réforme puisse nous être profitable, qu'elle soit faite, ou plutôt, préparée à l'avance par des travaux et des recherches préparatoires émanant de gens compétents et surtout intéressés.

Or, il ne faut cependant pas nous dissimuler que nous aurons à lutter contre des préventions, des jalousies d'état et des animosités considérables, il est donc indispensable que tous, Messieurs et chers Confrères, nous nous mettions résolument à l'œuvre et que par la logique incontestable des principes et les usages locaux de tous les pays, nous puissions faire revivre cette importante œuvre d'unification et répondre victorieusement à toutes les objections et à tous les arguments qui seront présentés.

Le Comité des Notaires des départements a déjà mis cette grave et importante question à son ordre du jour ; il se propose de dresser un travail, aussi complet que possible, qu'il soumettra aux Commissions compétentes lorsque le moment sera opportun.

M. Defrénois met son Répertoire à la disposition de ceux d'entre nous qui voudront bien donner leur opinion sur cette question.

Que tous en profitent et qu'ils se pénètrent bien d'une chose : c'est qu'il ne suffit pas de se lamenter et de crier à l'injustice ; qu'il faut, au contraire, se dire qu'en travaillant aux intérêts généraux de notre grande corporation, chaque notaire travaille aux siens mêmes ; car si malheureusement nous ne secouons pas vigoureusement les habitudes d'égoïsme et d'inertie coupables, nous verrons notre beau notariat français qui, jusqu'à ce jour a été envié et copié par toutes les puissances étrangères, diminuer de jour en jour son influence, perdre son prestige et arriver à l'abaissement complet rêvé par tous nos ennemis.

Quant à moi, Messieurs et chers Confrères, je n'ai pas eu, vous le comprendrez, l'impardonnable témérité de vouloir vous développer un exposé doctrinaire de cette matière ; ni le temps ni ma compétence surtout ne me le permettent.

Je laisse ce soin à des plumes plus autorisées que la mienne et me suis contenté de faire une simple excursion sur ce terrain si ardu.

Je m'estimerai du reste des plus heureux si ces lignes peuvent être de quelque utilité à la

grande cause du Notariat qui a toujours été
et sera toujours mon culte le plus cher.

GEORGES **BONNEFOY**,

Notaire à Thiers.

Mars 1889.

ETUDE SUR L'ÉTABLISSEMENT

D'UN

TARIF LÉGAL DES ACTES

DES NOTAIRES.

———

> C'est du fruit de son travail, que
> l'homme doit vivre ; aussi « Tout
> peine mérite salaire »,

I

Un Tarif Général est il désirable ?

Je m'empresse de dire : Oui.

Oui, aussi bien pour le notaire taxé que pour
la partie qui réclamera la taxe, et je dirai encore

plus pour le président ou le juge chargé de cette opération si délicate.

Le principe du règlement amiable des honoraires qui a été établi dans l'article 51 de la loi du 25 ventôse an XI est assurément des plus flatteurs pour le notariat, puisque chaque notaire est laissé par la loi juge de l'importance et de la valeur de ses travaux et de ses conseils.

Mais ainsi que le disait si bien Me Fabre, notaire à Clermont-Ferrand, secrétaire de la Chambre de discipline de Clermont-Ferrand, dans une pétition adressée en 1852 à M. le Ministre de la justice :

« C'est une de ces idées généreuses qui par
« malheur trouvent rarement leur application
« dans les faits de la vie réelle ; avec cet excès
« de liberté, l'homme se laisse aller trop facile-
« ment aux indécisions légales qui l'entourent
« en suivant les divers penchants d'orgueil, de
« cupidité ou d'honnête modestie qui le domi-
« nent, il doit exagérer ou réduire ses honoraires
« dans une proportion si différente, que ces va-

« riations seules seraient une cause suffisante de
« rivalités déplorables, de désordres, de déconsi-
« dération pour la Compagnie. »

Tout ceci est dans la nature des choses.

Les notaires sont des fonctionnaires publics,
ils remplissent une profession dont l'exercice
n'est pas laissé à la libre concurrence, le législa-
teur les a institués pour rédiger les conventions
auxquelles les parties veulent ou doivent donner
l'authenticité, il doit, par suite, éviter qu'ils n'a-
busent de cette situation légale, mais par une
juste réciprocité on ne saurait permettre aux con-
tractants de récompenser le notaire par une
rémunération dérisoire.

Or, ainsi que le disait en 1852, le rapporteur
de la Cour de cassation : « Dans une société bien
réglée, le salaire de toute fonction publique, la
rétribution de tout service public doivent être
taxés par un tarif obligatoire ».

Quand le notaire arbitre seul les honoraires qui
lui sont dus, l'esprit le plus droit, le plus hon-

nête est porté souvent à exagérer l'importance de sa tâche et la rémunération qui est due.

Le client a donc un intérêt majeur, à connaître, à pouvoir vérifier d'après un document sérieux, si la demande qui lui est faite est légitimement fondée.

Réclame-t-il la taxe par le Président ?

La taxe manque alors des conditions essentielles à toute bonne administration ; elle varie d'un arrondissement à un autre, de plus, ainsi que le disait Boinvillers en 1851 dans son rapport au Corps législatif, sur la proposition Rouher.

« Les actes des notaires ne révèlent qu'impar-
« faitement parfois même ne révèlent pas du tout
« la durée et l'importance des soins qui les ont
« préparés ».

M. Jeannest Saint-Hilaire disait aussi que la magistrature ne pouvait voir que de très haut les détails infimes d'une taxe.

Bien des magistrats ont à peine l'idée des travaux qui incombent à un notaire et des charges pécuniaires qui sont devenues aujourd'hui une nécessité inévitable. Ils semblent croire que tout se réduit pour nous à rédiger les actes de chaque jour et à remplir les formalités prescrites par la loi.

Pourquoi faites-vous davantage? nous dira-t-on, nous répondrons : parce qu'il nous est impossible de faire autrement.

Faire dépendre l'honneur d'un notaire des inspirations incertaines et mobiles d'un Président en matière de taxe, c'est, ainsi que le disait Flavigny à la Chambre des Pairs, en 1845, faire une position intolérable à des hommes justement fiers du ministère important qu'ils exercent.

Que peut-il résulter de la réduction de la taxe, dans l'esprit des parties, sinon la déconsidération du notaire ?

La réduction des honoraires est une accusation vivante d'un fait voisin de l'abus de confiance, surtout quand elle part de l'autorité la plus respectable et la plus haut placée dans l'échelle morale,

On ne persuade pas aisément au public qu'un magistrat peut, sans motif très grave, enlever à un notaire des honoraires légalement perçus, suivant les usages admis par ses confrères.

Le notaire taxé est un notaire perdu dans l'opinion de ses clients.

Tous les notaires regrettent certainement les discussions pénibles qui naissent à l'occasion des demandes en paiement d'honoraires et qui ne naissent qu'à cause de l'espoir parfois trop fondé qu'a le débiteur de voir réduite par la taxe la demande qui lui est faite.

Il est juste de remarquer qu'un tarif complet fera disparaitre le plus grand nombre de ces discussions et empêchera les mauvais rapports qui surviennent ordinairement entre le notaire et le client quand celui-ci, usant d'un droit, fort légitime du reste, a demandé la taxe.

Ne vaudrait-il pas mieux arrêter à forfait une moyenne applicable à tous les actes de même nature ?

Ce serait le moyen de débarasser le magistrat

taxateur de l'ennui de peser en argent la valeur de rédaction d'un acte ; car, avec un tarif général la taxe aura pour but de faire préciser la qualification de l'acte et ce sera le tarif qui indiquera, d'une façon indéniable, le droit qui devra être perçu.

La règle, en tout est un bien, lorsqu'elle est possible et elle paraît tout aussi possible pour les notaires qu'elle l'a été pour d'autres officiers ministériels.

N'a-t-on pas cru utile de faire des tarifs aux greffiers des Cours et Tribunaux, aux avoués, aux huissiers, aux commissaires-priseurs, aux courtiers et à tant d'autres. La loi a pris le soin de fixer les émoluments des experts et des témoins ; elle a réglé les indemnités dues aux magistrats pour leurs déplacements. Les cérémonies du culte ont même des tarifs administratifs.

Pourquoi n'en serait-il pas de même des notaires ?

Un tarif légal du notariat serait la chose la plus désirable et la plus utile pour le public et pour le notariat lui-même, dont il rendrait la position plus nette et beaucoup plus digne, vis-à-vis de ses clients et de la magistrature.

II

Un Tarif est-il possible ?

Pourquoi ne le serait-il pas ?

Je crois et il me semble non-seulement qu'un Tarif général et complet est possible, mais encore qu'il est facile de l'établir.

La pratique et l'expérience sont des arguments devant lesquels tous les raisonnements théoriques doivent céder.

Les Compagnies de notaires de tous les arrondissements de France ont arrêté et rédigé un tarif à leur usage ; chaque notaire doit s'y conformer sous peine d'être déconsidéré parmi ses confrères. Il est généralement imprimé et exécuté ; il arrive même que des Présidents ont bien voulu y donner leur adhésion.

Si toutes les Compagnies de Notaires ont déjà

un tarif dont les notaires se servent journellement, comment pourrait-on supposer que le tarif légal serait autre chose que la régularisation d'un fait déjà existant.

La preuve du reste de la possibilité de l'établissement d'un tarif légal, c'est que la presque totalité des Cours d'appel et des Tribunaux, non-seulement en a proclamé la nécessité, mais encore en a démontré la possibilité en adressant à la Chancellerie des projets de tarifs généraux et paraît-il, fort complets et que cela a été reconnu par le plus grand nombre des notaires français, par nos plus éminents magistrats et que cette innovation a déjà été réalisée depuis longtemps chez les peuples étrangers.

III

Le tarif doit-il être général et uniforme ou spécial par circonscription ?

La solution qui se présente tout d'abord à

l'esprit est l'établissement d'un tarif général et uniforme pour toute la France, cette mesure paraît en effet très juste, la responsabilité, le travail étant les mêmes pour chaque notaire, on se demande pourquoi ils n'auraient pas tous les mêmes honoraires.

M. Amiaud dans son ouvrage *le Tarif général et raisonné des Notaires*, est de cet avis et le trouve préférable à tous les points de vue, dans l'intérêt de la législation dont l'unité harmonique serait rompue par ces divers usages ; dans l'intérêt des notaires qui, soumis à la même responsabilité, aux mêmes devoirs, aux mêmes charges, ont droit de réclamer des droits égaux ; enfin dans l'intérêt même des clients, qui justement frappés de cette inégalité alors même qu'ils se trouveraient dans les mêmes conditions sociales, ne manqueraient pas de s'en étonner et de s'en plaindre.

La Cour de Bordeaux dans deux rapports qu'elle fit en 1852 émettait l'avis « qu'il était « possible et désirable non pas seulement de

« fondre en un seul tous les tarifs du ressort de
« la Cour, mais aussi qu'il était utile de faire un
« tarif pour toute la France. »

M. le conseiller Filhol, rapporteur, nommé par
cette même Cour, motivait ainsi son opinion :

« Ce qui se fait dans un arrondissement se fait
« partout, la durée du temps employé, la lon-
« gueur de l'acte écrit, la nature des choses qui
« font l'objet du contrat fourniraient dans tous les
« lieux un mode régulier pour la fixation des
« honoraires. »

Pourquoi faire des positions différentes à des
officiers publics assujettis à la même responsabilité, ayant les mêmes droits, obéissant aux
mêmes devoirs?

Ces distinctions froisseraient à juste titre les
catégories les moins favorisées, diminueraient
leur considération et soulèveraient de fâcheuses
réclamations.

J'ajouterai : Ne sont-ce pas les mêmes travaux

et la même capacité qui sont exigés pour les notaires?

N'ont-ils point fait les mêmes études?

N'ont-ils pas la même responsabilité?

Les capacités, le travail et la responsabilité étant les mêmes pour chaque notaire, on se demande pourquoi ils n'auraient pas les mêmes honoraires.

On objectera, il est vrai, qu'un notaire de grande ville, par exemple, ne peut se contenter des mêmes honoraires qu'un notaire de campagne : qu'il a acquis son office plus cher et qu'il a plus de dépenses, qu'il a un cautionnement plus élevé, à cela je répondrai que si les honoraires proportionnels (je dis proportionnels, car il serait indispensable que les honoraires fussent fixes et proportionnels) alloués aux notaires de grande ville sont les mêmes que ceux alloués aux notaires des campagnes, la différence sera la même qu'aujourd'hui par le seul fait que les notaires des grandes villes trouveront dans leurs résidences où se font des affaires beaucoup plus importantes, une compensation aux charges plus lourdes qui leur incomberont et ce, par la plus grande quantité d'actes que feront les premiers et sur leur qualité.

Ne faudrait-il pas craindre au contraire si les tarifs étaient inégaux, que les clients ne choisissent pour payer des honoraires moindres, les notaires des campagnes au lieu des notaires des grandes villes et ceci par économie.

C'est du reste le cas ou jamais de propager l'égalité et je ne puis mieux faire que de vous citer les paroles de M. Vraye, ancien notaire à Compiègne :

« Ce serait en vain qu'il y a près d'un siècle
« on aurait levé les barrières de l'inégalité en ma-
« tières d'impôts et de services publics ; en vain
« qu'on aurait établi l'uniformité en matière de
« droits d'enregistrement, de mutation, de greffe,
« d'hypothèque, de frais de justice, etc. Les tarifs
« du notariat seuls résisteraient à cet immense

« mouvement dont le but a été de ramener les
« droits et les intérêts à des règles communes.

« La France sur ce point en serait au temps
« des coutumes et plus de trois cents tarifs étran-
« gers les uns aux autres, à peu près inconnus
« des justiciables se diviseraient le territoire. »
Non. Cela n'est pas possible.

Cependant, je serais de l'avis de plusieurs Cours
et Tribunaux qui ont proposé de suivre la classification des notaires pour tarifer les droits de
voyage, les vacations et les rôles. La loi ayant
établi des classes pour les notaires, il me semble
que le tarif devrait suivre les mêmes distinctions
ou supprimer les classes.

IV

**Tous les actes peuvent-ils être indistinctement
tarifés ?**

**Dans le cas de la négative quel serait le meilleur
mode de rémunération pour les actes qui ne seraient
pas soumis au tarif.**

Oui, tous les actes peuvent être tarifés.

Mais il ne doivent point l'être indistinctement, il est au contraire de toute nécessité qu'il y ait des distinctions entr'eux, les uns demandant plus de travail, les autres imposant une plus grande responsabilité.

Toutes les Compagnies de notaires ont, comme il a été dit plus haut, un tarif imprimé, dans lequel sont compris la généralité des actes qui se présentent dans la pratique, il y a cependant quelques actes pour lesquels la tarification semblerait au premier abord difficile, la transaction par exemple ; mais la plupart du temps on y trouve des stipulations qui donnent ouverture à des droits déterminés.

Rarement ces actes donnent lieu à des difficultés pour la fixation des honoraires, par la raison bien simple qu'ils mettent ordinairement fin à une instance engagée et que les stipulations qui en sont la conséquence ont presque toujours leur classification dans le tarif.

En dehors de ces considérations, j'ajouterai que tous les actes étant soumis à l'enregistrement, la loi fiscale a bien trouvé un droit pour chacun d'eux.

Je ne vois pas, très bien, pourquoi ce qui a pu être fait pour la loi fiscale ne pourrait être utilement fait par la loi rémunératrice.

Je ne partage pas l'avis de M. Jeannest Saint-Hilaire qui prétend « que le tarif est impossible, « que la matière à régler ne peut s'y prêter tant « sont variables les usages, les fortunes privées, « les services rendus, les responsabilités encou- « rues, etc., il serait inexécutable, car comment « lier la reconnaissance du client ? Toute sanction « pénale ferait déserter le fonctionnaire honnête « ou serait éludée par le prévaricateur. »

L'application du tarif fiscal a lieu tous les jours, aisément, sans efforts.

C'est un précédent difficile à réfuter.

Je ne puis mieux faire en terminant et pour répondre à tous les arguments contraires que de citer les paroles de Me Fabre, notaire à Clermont-Ferrand, dans la pétition qu'il rédigea, en 1852, au nom de la Chambre de Clermont et de dire avec lui :

« Que c'est une singulière exagération d'amour « propre que de croire que nos travaux seuls « sont inappréciables, que nos services sont hors « de proportion avec toute indemnité. »

Quel est l'homme qui ne subit pas en ce monde le niveau nécessaire de sa position et celui plus impérieux encore de ses devoirs.

Georges **BONNEFOY,**

NOTAIRE A THIERS

(Puy-de-Dôme)

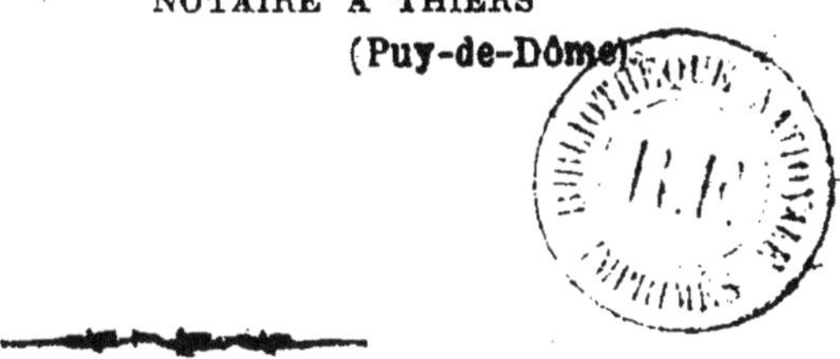

THIERS , IMPRIMERIE A. FAVYÉ.